BEI GRIN MACHT SICH I
WISSEN BEZAHLT

- Wir veröffentlichen Ihre Hausarbeit,
  Bachelor- und Masterarbeit

- Ihr eigenes eBook und Buch -
  weltweit in allen wichtigen Shops

- Verdienen Sie an jedem Verkauf

Jetzt bei www.GRIN.com hochladen und kostenlos publizieren

Mehmet Coban

Technological Pedagogical Content Knowledge im Informatikunterricht

GRIN Verlag

Bibliografische Information der Deutschen Nationalbibliothek:

Die Deutsche Bibliothek verzeichnet diese Publikation in der Deutschen National-
bibliografie; detaillierte bibliografische Daten sind im Internet über http://dnb.d-
nb.de/ abrufbar.

Impressum:

Copyright © 2010 GRIN Verlag GmbH
Druck und Bindung: Books on Demand GmbH, Norderstedt Germany
ISBN: 978-3-656-65974-7

Dieses Buch bei GRIN:

http://www.grin.com/de/e-book/274030/technological-pedagogical-content-
knowledge-im-informatikunterricht

GRIN - Your knowledge has value

Der GRIN Verlag publiziert seit 1998 wissenschaftliche Arbeiten von Studenten, Hochschullehrern und anderen Akademikern als eBook und gedrucktes Buch. Die Verlagswebsite www.grin.com ist die ideale Plattform zur Veröffentlichung von Hausarbeiten, Abschlussarbeiten, wissenschaftlichen Aufsätzen, Dissertationen und Fachbüchern.

Besuchen Sie uns im Internet:

http://www.grin.com/

http://www.facebook.com/grincom

http://www.twitter.com/grin_com

Fakultät Informatik

Seminar mit Bakkalaureatsarbeit

Technological Pedagogical Content Knowledge im Informatikunterricht

Mehmet Coban

Eingereicht am 28.01.2010

Abstract

Die Verwendung von Computertechnologien gewinnt seit 20 Jahren mehr Bedeutung. Die Technologie beeinflusst die Gesellschaft und führt zur Veränderungen bei allen Bereiche. Die Wirtschaft hat am meiste Nutzen von Technologie gemacht. Deswegen wurden meistens die Technologien für Wirtschaftszwecken entwickelt. Jedoch kann man diese Technologien auch im Unterricht verwenden bzw. sollten wir Unterrichtgeeignete Medien entwickeln, damit auch die Bildung modern, dynamisch und zukunftsorientiert geschehen kann. Da bei neuer Generation die Technologienutzung sehr hoch im Alltag ist, sollten die Bildungsinstitutionen diesen Drang zugunsten der Erziehungs- und Bildungszwecke benutzt. Die Kinder sind mit Internet aufgewachsen und diese Tatsache der Digitalisierung sollte man beim Lehr und Lern Prozesse nicht vernachlässigen.

Ich werde in meiner Seminararbeit mich mit der Bedeutung von TPCK im Unterricht der Fach Informatik konzentrieren; wie das Unterrichten durch den Technologieeinsatz besser und effizienter gestaltet werden kann, welche Voraussetzungen und Konsequenzen dies hat. Ich werde in dieser Arbeit sowohl die Theorie als auch die Praxis der Anwendung von Technologie im Unterricht von Fach Informatik betrachten. Ich werde Beispiele einführen, wie Lehrenden bzw. Lehrinstitutionen durch die Benutzung von verschiedenen Technologien das Unterrichten innerhalb der Bildungseinrichtungen verbessern können.

Inhalt

Einführung

Unterrichten ist eine verantwortungsvolle Tätigkeit, dass es einen Rahmen benötigt. Damit die Lehrende ihre Unterrichtsinhalte und Lehrsituation gut vorbereiten und sie zielgerecht vermitteln, müssen sie ein modernes Framework für Bildungsumgebung näher kennen. Es wird im Bildungssektor viel Wert auf die Fort- und Weiterbildung den Lehrenden im Bereich der Informations- und Kommunikationstechnologien gelegt. Dieser Ansatz fördert eine intensive Forschung von Lehrmöglichkeiten.

„The basis of our framework is the understanding that teaching is a highly complex activity that draws on many kinds of knowledge. Teaching is a complex cognitive skill occurring in an ill-structured, dynamic environment." (Leinhardt & Greeno, 1986)

Wie oben angeführt, ist das Lehren ein sehr komplexes Vorgehen, dass die Lehrenden auch ausreichend theoretisches und praktisches Wissen besitzen, wie sie die Lehrumgebung konstruktiv gestalten und Inhalte vermitteln. Technologie integrierte Unterrichten verspricht mehr als bloße e-Learning oder traditionelle Unterrichten. Weil dieses Vorgehen die Selbständigkeit, Problemlösefähigkeit, Verantwortungsbewusstsein und viele andere Persönlichkeitsbildende Aspekte der Lernenden fördert.

Die Technologieintegration beeinflusst selbstverständlich Inhalte, Methode, Strukturierung und Verfahren des Lehrens. Die Lehrenden sollten ihre Inhalte so auswählen dass sie dann das Wissen der Lernenden prüfen können. Das heißt wie man unterrichtet, bestimmt auch Inhalt des Unterrichts und Prüfbarkeit des Wissens. Deswegen sollten die Lehrenden auch über diese Wechselwirkungen bewusst gemacht.

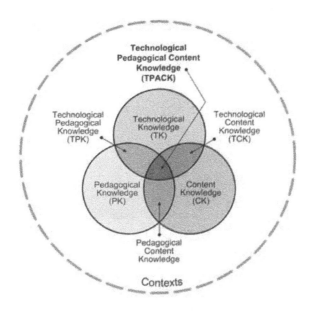

Abbildung 1(http://tpack.org)

Das Bild oben veranschaulicht einen Rahmen für die Lehrende, die eine gute Lehrumgebung gestalten und ihre Wissen effizienter vermitteln möchten. TPACK ist die Durchschnitt der Fachwissen, pädagogisches Wissen und technologisches Wissen. Ein guter Lehrender sollte alle diese Kenntnisse gleichzeitig und verschmelzend besitzen. Bloße gute Technologisches Wissen, Fachwissen oder pädagogisches Wissen ist für einen konstruktiven und kreativen Lehrender nicht ausreichend. Ein guter Lehrender benötigt alle Oben angegebenen Kenntnissen und weiß ihre Abhängigkeiten und ihren Zusammenschlüsse. Er weiß welche Medien für welche Fachwissen und mit welchen Lehrmethoden anwendbar sind.

Technological Knowledge

Technologisches Wissen ist das Wissen von Know-how eine Hardware oder eine Software. Welche Funktionen bzw. Möglichkeiten ein Medium anbietet zu wissen und es zu nutzen, heißt Technologisches Wissen.

„Technology knowledge (TK) is knowledge about standard technologies, such as books, chalk and blackboard, and more advanced technologies, such as the Internet and digital video. This involves the skills required to operate particular technologies. In the case of digital technologies, this includes knowledge of operating systems and computer hardware, and the ability to use standard sets of software tools such as word processors, spreadsheets, browsers, and e-mail. "(Mishra & Koehler, 2006)

Allein technologisches Wissen zu besitzen, reicht nicht das Einsetzen/Integrieren eines Mediums im Unterricht. Ein Lehrender sollte mehrere verschiedene Kenntnisse haben, damit er ein Gerät oder eine Software im Unterricht integrieren kann. Ein Beamer ist ein gutes Beispiel. Ein Techniker der sich mit so einem Gerät beschäftigt, kann das Gerät reparieren, einstellen, montieren und kennt sich mit den Funktionen des Gerätes gut aus. Aber bloß dieses technisches Wissen, der Techniker besitzt, ist nicht für die Integration im Unterricht ausreichend. Er sollte weiters noch pädagogisches Wissen haben, damit er weiß wie, wann und inwieweit er ein Beamer im Unterricht verwendet. Somit kann er erst konstruktiv und sinnvoll unterrichten.

Wie ich oben dargestellt habe, reicht bloßes Technologisches Wissen für einen guten und konstruktiven Unterricht nicht. Es werden auch andere Variablen bei dem Unterrichten benötigt. Wie Fachwissen (Mathematik, Algorithmen etc.) und pädagogisches Wissen. Ein anderes Beispiel ist eine LMS Software (Bsp. Moodle). Der Entwickler bzw. Programmierer dieses Systems kennt sich mit dem System sehr gut aus. Er weiß welche Funktionen dieses System anbietet, wie das System installiert wird, wie die Wartung des Systems durchführt wird, wie die einzelnen Komponente des Systems eingestellt wird. Er ist technisch befähigt das System sinnvoll zu benutzen. Jedoch braucht er noch mindestens ein Fachwissen und Pädagogisches Wissen (Methoden, Verfahren des Unterrichtens), damit er dieses LMS in den Unterricht integrieren und sein Fachwissen weiter vermitteln kann.

Technologien konstruktiv und effizienter in die Lehre einzubauen, benötigt technologisches Wissen der Lehrenden. Die Lehrenden sollten dieses technologische Wissen mit ihrem existierenden pädagogischen Wissen integrieren und sinnvolle neue Methode für Ihre Unterrichtumgebung finden.

Heute verwenden die Jugendliche unterschiedliche Technologische Geräte wie, Handys, IPods, Netbooks/Notebooks, Spielkonsolen usw. Sie benutzen diese Technologien täglich. Sie sind sogar süchtig von manchen Information und Kommunikation Technologien geworden. Die Lehrenden sollten sich über die Verwendungsmöglichkeiten aller diesen Technologien erkundigen ob sie auch im Unterricht eingebunden werden können.

„Neben didaktisch-methodischen Konzepten sollte auch die Förderung der Computerkompetenz der Lehrkräfte zu den Inhalten von Fortbildungen zählen, da sich in der vorliegenden Studie gezeigt hat, dass auch sie einen Einfluss darauf haben können, ob die Lehrende bereit sind, die Computer für konstruktivistisches Lernen einzusetzen." (Schaumburg, 2002)

Frau Schaumburg argumentiert im oberen Ansatz und in ihrer Arbeit, dass Technologie eine wichtige Rolle beim Unterrichten spielt. Sie führt eine Studie, welche die Wechselwirkung von Technologien und Lehrinhalte zeigt.

Content Knowledge

Fachwissen bezeichnet das zum Unterrichten benötigte fachspezifische Wissen, also z.B. Geschichte, Mathematik, Chemie das eine Lehrende haben sollte. Fachwissen in Informatikunterricht besteht aus unterschiedlichen Wissen wie Algorithmen und Datenstrukturen, Theoretische Informatik, Technische Informatik, Mathematik, Stochastik, Modellierung, Daten und Informatikrecht, Informatik und Gesellschaft usw. Alle diese Fächer benötigen eigene Methoden und haben eigene Voraussetzung und Abhängigkeiten.

„Content knowledge (CK) is knowledge about the actual subject matter that is to be learned or taught. The content to be covered in high school social studies or algebra is very different from the content to be covered in a graduate course on computer science or art history. " (Mishra & Koehler, 2006)

Ein guter Mathematiker sollte außer guten mathematischen Kenntnissen auch die Fachdidaktik und technologisches Wissen haben, damit er sein mathematisches Wissen (Fachwissen) gut weitergeben kann.

„To teach all students according to today's standards, teachers need to understand subject matter deeply and flexibly so they can help students create useful cognitive maps, relate one idea to another, and address misconceptions. Teachers need to see how ideas connect across fields and to everyday life. This kind of understanding provides a foundation for pedagogical content knowledge that enables teachers to make ideas accessible to others." (Shulman, 1987)

Wie oben Shulman argumentiert, sollten die Lehrende auch unterschiedliche Aspekte und Abhängigkeiten seines Faches an die Studierenden weitergeben können. Sie sollten wissen wie sie ihre Kenntnisse mit realen Situationen vergleichen und dieses Wissen dann konstruktiv umsetzen.

Pedagogical Knowledge

"Pedagogical knowledge (PK) is deep knowledge about the processes and practices or methods of teaching and learning and how it encompasses, among other things, overall educational purposes, values, and aims. " (Mishra & Koehler, 2006)

Pädagogisches Wissen ist das Wissen, wie ein Lehrender seine Lehrumgebung gestaltet, mit welchen Methoden er unterrichtet und welche Strategien er beim Unterrichten anwendet. Es beinhaltet Kenntnisse über zu verwendende Techniken oder Methoden in die Lehrumgebung. Ein Lehrer mit tiefem pädagogischem Wissen weiß, wie Studenten Kenntnisse bilden, Fachwissen erwerben. Pädagogisches Wissen beinhaltet Lerntheorien, Didaktik, Methoden des Lernens und Anwendung diese Theorien an Studenten in ihrer Lernumgebung.

Während ein Lehrender fachbezogene Wissen und technisches Wissen besitzt, sollte er auch pädagogisches Wissen besitzen, damit er die Technologie mit richtigen Methoden und Techniken ohne negativen Einfluss auf Inhalt anwendet. Alleine Pädagogisches Wissen von praktizierenden Lehrkräften mit langen Erfahrungen ist auch nicht zufriedenstellend wenn er keine gute Fachwissen bzw. keine Technologiekenntnisse beherrscht.

TPACK (Technological Pedagogical Content Knowledge)

Technological Pedagogical Content Knowledge (TPACK) ist ein Framework, das argumentiert welches Wissen von Lehrenden erforderlich sind, um eine wirksame und konstruktive Technologieintegration im Unterricht einzubinden. Die Idee des pädagogischen Fachwissen (PCK: Pedagogical Content Knowledge) wurde erstmals von Lee Shulman genannt und TPACK baut auf den Kerngedanken von PCK durch die Einbeziehung der Technologie.

Während Shulman in seiner Arbeit über PCK geschrieben hat, war die Technologie nicht so intensiv in Alltagsverwendung. Deswegen hat er in seiner Arbeit nicht viel über Technologie diskutiert. Er beschreibt die PCK als eine Verschmelzung von Pädagogie und Fachwissen.

„Pedagogical content knowledge is of special interest because it identifies the distinctive bodies of knowledge for teaching. It represents the blending of content and pedagogy into an understanding of how particular topics, problems, or issues are organized, represented, and adapted to the diverse interests and abilities of learners, and presented for instruction. "(Shulman, 1987)

Jedoch TPCK bezeichnet einen Rahmen für die Integration der Technologie im Unterricht. Matthew Koehler und Punya Mishra, beide Dozenten an der Michigan State University, haben in ihrer wissenschaftlichen Arbeit detailliert die Technologieintegration im Unterricht abgehandelt.

„We argue, briefly, that thoughtful pedagogical uses of technology require the development of a complex, situated form of knowledge that we call Technological Pedagogical Content Knowledge (TPCK). In doing so, we posit the complex roles of, and interplay among, three main components of learning environments: content, pedagogy, and technology. " (Mishra & Koehler, 2006)

Die TPACK Framework erfordert, dass eine wirksame Technologie-Integration für den Unterricht Verständnis und die Verhandlungen über die Beziehungen zwischen diesen drei Komponenten benötigt: Technologie, Pädagogik und Fachwissen. Ein guter Lehrende, der die Beziehungen aller diesen verschiedene Wissen kennt, besitzt eine Form von Know-how aus verschiedenen Wissen, und weiter als das Wissen eines Disziplinen (Mathematiker, Historiker...), ein Technologie-Experte (ein Computer-Ingenieur) oder ein Pädagogiker.

"Our framework emphasizes the connections, interactions, affordances, and constraints between and among content, pedagogy, and technology. In this model, knowledge about content (C), pedagogy (P), and technology (T) is central for developing good teaching. However, rather than treating these as separate bodies of knowledge, this model additionally emphasizes the complex interplay of these three bodies of knowledge." (Mishra & Koehler, 2006)

Digitale Medien und Ihrer Einsatz im Unterricht

„Digitale Medien sind zum einen Kommunikationsmedien, die auf der Grundlage digitaler Informations- und Kommunikationstechnologie funktionieren." (Reinmann/Eppler, 2008)

Digitale Medien beinhalten alle Medien, die Computer Software bzw. Hardware nutzen, von auf USB Stick gespeicherten Daten bis zu im Internet verbreitete Informationen.

Der Einsatz der digitalen Medien gewinnen im Unterricht eine immer größere Bedeutung, und nicht nur in Fach Informatik, sondern in allen Fächern. Ihr Einsatz ist jedoch in der Regel weder sehr einfach noch problemlos. Die Lehrenden sollten eine Aus- Weiter oder Fortbildung über die Verwendung und Funktionen der Bildungstechnologien bekommen. Weil diese Medien Einflüsse auf die Methodik und den Inhalt der Lehr- und Lernprozesse haben. Deswegen spielt

TPCK Framework eine wichtige Rolle für Lehrendenbildung im Bezug der Technologieeinsatz im Unterricht.

Hardware: Projector, Beamer, PC- Räume, Notebook, IPod, PDA, Interactive Whiteboard etc.

Software: E-Portfolio, LMS (Moodle), E-Learning Systeme, Blogs, Wikis, Audio & Video Software, Präsentation Software und Lernsoftware etc.

Alle oben angegebene digitale Medien können in Informatikunterricht sinnvoll zur Verfügung gestellt und nach Bedarf eingesetzt werden. Diese Technologien kann man Kontext-, Ort- und Zeitabhängig und nach pädagogischen Methoden und Ziele des Unterrichts bis zur gewissen Grad einsetzen.

Bei der Auswahl der einzusetzenden Medien sollte man sich nach Hubweiser (2007) unten angeführte Fragen stellen:

1. Ist dieses Medium eindeutig genug, um das intendierte Lernziel unmissverständlich und klar erscheinen zu lassen?
2. Repräsentiert dieses Medium den intendierten Inhalt derartig isomorph, dass es eine optimale Erfahrungsquelle für den Lernprozess schafft?
3. Ist dieses Medium attraktiv genug, um Aufmerksamkeit zu erregen?

Die Antworten von diesen Fragen sind für die didaktische Verwendung jedes Medium nötig, um das Ziel erfolgreich zu erreichen.

Hier werde ich zwei digitale Medien eins von Hardware und das andere von Software, die für Informatikunterricht geeignete Technologien, präsentieren.

Interaktive Whiteboard

Ein interaktives Whiteboard ist eine Tafel, die mithilfe einem Computer und Beamers funktionsfähig wird. Das Bild wird im Allgemeinen von einem Beamer auf Tafel gezeigt. Das interaktive Whiteboard ermöglicht alle Funktionen eines Computers. Die Benutzung und Steuerung des Computers erfolgt mittels Fingerdruck oder mit einem Sensorik.

- Die Benutzung eines Interaktiven Whiteboards sollte in die Lehrenden-Fortbildung gut bearbeitet werden, weil durch die verschiedenen Möglichkeiten von Technologien, können verursachen, wichtige Bildungszielen verloren zu gehen bzw. Inhalte negativ beeinflusst zu werden
- Interaktive Tafeln können Lehr- und Lernprozesse mit multimedialen Elementen bereichern. Dadurch können viele Aspekte besser veranschaulicht werden.
- Neben Interaktive Tafel sollten auch klassischen Kreidetafeln vorhanden sein. Weil im Großen und Ganzen eine Ersetzung didaktisch nicht möglich bzw. nicht sinnvoll ist.

Interaktive Whiteboards kann man für viele Informatik Lehrveranstaltungen verwenden. Beispielerweise für Statistik und Wahrscheinlichkeitstheorie, Mathematik, Technische Informatik, Grundzüge der Informatik etc.

Weil auf einer solchen Tafel die Simulationen von elektronischen Schaltungen mithilfe SIMULINK (Technische Informatik), die Berechnung viele Differentialrechnungen und Geometrie mithilfe MATLAB (Mathematik) ,die Box-Plots der Verteilung von statistischen Daten mithilfe R (Stochastik) zu veranschaulichen, ist relativ einfach und trägt des Ziels von Unterricht bei.

Diese Technologie ermöglicht Einbindung von vieler nützlichen Software im Unterricht. Zum Beispiel wenn man in Daten Modellierung ein ER Diagramm zeichnen möchte, kann man sehr leicht mithilfe eine Software (z.B. DIA) das auf der interaktiven Tafel zeichnen. Dabei lernen auch die Studierenden wie sie mit solchen Software umgehen. Einerseits lehrt der Vortragende seine Fachwissen eindrucksvoller andererseits wird diese Art und Weise als eine Einführung in benutzte Software wahrgenommen. Ein anderes Beispiel ist das der Vortragende wenn ein SQL Query schreiben und die Ergebnisse sofort veranschaulichen möchte, kann er diese sofort und wirksam auf der interaktiven Tafel realisieren. Er könnte die Ergebnisse diesen SQL Ausdruck nicht mit klassischer Tafel zeigen lassen.

Kriterien eines guten interaktiven Whiteboards

- **Einfach und konsistente Software:** Alle Benutzer der Interaktiven Tafel sollten die Tafel recht einfach bedienen können. Sie sollte für Icons und Navigation richtige Metaphern verwenden, damit sowohl die Lehrende als auch Schüler ohne viel Mühe die Objekte wahrnehmen. Es sollte im Voraus darüber Gedanken gemacht werden, welche Software ausgewählt wird, damit sich die Benutzer nicht öfter umstellen.
- **Eingabefläche:** Die interaktiven Tafel sollte die Größe einer Kreidetafel entsprechen, damit Authentizität gewährleistet wird.
- **Lesbarkeit und Größe der Objekte:** Die Tafel sollte das Lesen und Sehen von Texten und Objekten von unterschiedlichen Entfernungen, Blinkwinkeln und Licht in einer Klasse gewährleisten. Die Klasse sollte nicht verdunkelt werden müssen.
- **Kalibrierung:** Die interaktive Tafel sollte nicht jedes Mal kalibriert werden müssen. Es sollte sofort verwendet werden ohne immer wieder die Kalibrierung einzustellen.
- **Multitouch:** Die Benutzer sollten gleichzeitig mit unterschiedlichen Stiften/Finger schreiben, die Tafel bedienen können.
- **Kamera:** Diese Kamera sollte sofort Übertragen eines Dokumentes ermöglichen. Die Kamera sollte über interaktive Tafel steuert werden können und eine gute Auflösung besitzen, damit die Tafelscreen auch fotografiert werden können.
- **Anschlussmöglichkeit:** Die Tafel sollte unterschiedliche Anschlüsse wie USB, Speicherkartenplatz usw. besitzen. Damit eine sofortige Verwendung von diesen Medien ermöglicht wird.

Es gibt verschiedene Software für die Interaktive Whiteboards wie SMART Notebook, E-Kreide, Interwrite, Starboard-Tafelsoftware, Aktivstudio, Intelliboard, E-BEAM usw. die man nach den Bedürfnissen auswählen kann.

Warum ich diese Kriterien angeführt habe ist das, das ich sowohl die Authentizität der Lehr- und Lernsituation gewährleisten möchte als auch die Verwendung dieser Technologie möglichst wirksamer gestalten möchte. Man sollte diese Kriterien unbedingt beachten, ansonsten ist es wohl möglich negative Ergebnisse als positiven zu erlangen.

Lernmanagementsystem (LMS) Moodle

Moodle ist eine sehr weit verbreitete Open Source Learning Management System. Moodle ist so entworfen dass es sowohl für die Lehrende als auch für die Lernende alle Möglichkeiten des Lernprozesses anbietet. Moodle ist für alle Benutzer sehr einfach zu lernen, zu modifizieren und einzustellen. Moodle basiert auf die Lerntheorie des Konstruktivismus. Konstruktivistische Lerntheorie basiert auf Selbständigkeit des Lernenden. Ein Lernender steuert seinen Lernprozess selbst, er bestimmt was, wann, wie und wo er lernen will.

Moodle bietet eine flexible Lernsituation und ermöglicht vielfältige Lernaktivitäten und Lernmaterialien. Die aktive Auseinandersetzung mit dem Lerninhalte erfolgt über Interaktion und Kommunikation mit anderen Kollegen, Begleiter und in Gruppenarbeiten. Es bietet natürlich die Möglichkeit für das Alleinlernen aber dieser Lernprozess ist nicht Ziel der Lerntheorie und Lernsituation.

Moodle Eigenschaften

Niedrige Kosten; Moodle hat alle Eigenschaften und Funktionalitäten einer kommerziellen eLearning LMS, die nichts bzw. weniger kostet. Moodle ist unter GPL veröffentlicht und deswegen kostet bloßes System nichts. Jedoch wenn man erweiterte oder eigene Module für die Kurse braucht, kann man sie mit wenigen Kosten besorgen.

Skalierbarkeit; Moodle ist einstellbar, optimierbar, um Aufstellungen von alle mögliche Institutionen von einer kleinen Schule bis zu den größten Aufstellungen von Tausenden von Studenten wie die Offene Universitäten zu unterstützen.

Einfachheit, Konsistenz und Benutzerfreundlichkeit sind auch wichtige Eigenschaften von Moodle.

Moodle ist eine stabile, vollkommende Plattform für das E-Learning mit vielen Ressourcentypen und die Tätigkeiten verfügbar für den Gebrauch im Unterricht.

Es gibt im Netz sehr viele nützliche Module die man einfach in eigenen Unterricht einbeziehen kann.

Einige der am meisten verwendeten Eigenschaften von Moodle sind unten aufgelistet:

- SCORM-Pakete, verschiedene Kurse und Unterstützung vieler Dokumentenformate für die Multimedia Inhaltübergabe.
- Umfragen, Fragebögen und Quizzen für Bewertungen der Kurse, Lernende bzw. Lerninhalte.
- Foren, Wikis, Chat und Feedback sind für kooperatives Lernen oder Erkenntnisaustauch als Kommunikation und Metakommunikation nützliche Module.

- Benutzerverwaltung für;

  o Gäste
  o Angemeldete Lernende/Kursteilnehmer
  o Kurs Ersteller
  o Lehrende
  o Administrator

- Aufgaben und Testerstellung Module
- Ein Kalender für Erstellung von unterschiedlichen Termine; Persönliche Termine , Lehrveranstaltungen Termine, Termine für Prüfungen, Termine für alle andere Aktivitäten.

Lernaktivitäten in Moodle

- **Forum:** Diese Aktivität dient zur Kommunikation zwischen Lehrenden und Lernenden. Außerdem können Lernende von einander etwas lernen und Informationen austauschen. Die Lernende können dort fragen über Organisation der Lehrveranstaltung bis zur Prüfung stellen, und entsprechenden Antworte bekommen. Diese Fragen können sowohl von anderen Lernenden als auch von Lehrenden beantwortet werden. Weiteres kann der Lehrende in Forum ein Thema angeben und die Lernende werden über das Thema ihre Meinungen schreiben, diskutieren.

- **Befragungen:** Eine Befragung ist besonders für eine Abbildung von den Meinungen aller Teilnehmer geeignet. Der Lehrende kann dadurch wissen was die Lernende denken, was sie wollen. Weiteres wenn der Lehrende unterschiedliche Prüfungsmodus anbieten möchte und das nach Wünschen der Lernende gestalten möchte, kann mithilfe einer Befragung es bestimmen.

- **Dateien hochladen:** Diese Aktivität ist für alle mögliche Hausaufgaben, Gruppenaufgaben, Wissenschaftliche arbeite usw. zum abgeben. Wenn man seine Arbeit fertig hat, kann man diese Arbeit in Moodle hochladen. Der Lehrende kann sich diese Datei anschauen und dann bewerten.

- **Feedback:** Diese Aktivität ist eine mögliche Metakommunikation zwischen Lernende und Lehrenden. Sowohl während Semester als auch am Schluss können die Lernende ihren Lehrenden beurteilen, individuelle Mitteilungen über Lehrveranstaltung und Organisation schreiben. Feedback ist für Verbesserung des Unterrichtens sehr wichtig.

- **Wiki:** Eine Wiki ist für Zusammenarbeit der Lernende geeignet. Sie unterstützt kooperatives Lernen, Gruppenarbeite können dadurch sehr effizienter durchgeführt werden. Ein Wiki kann für die Erstellung gemeinsamer Projektarbeite sehr hilfreich sein. „Wiki eignet sich nicht nur als Werkzeug und Medium in der Schule. Anhand von Wiki lassen sich auch einige fundamentale Ideen der Informatik aufzeigen. InformatiklehrerInnen, die Wiki in ihrer Schule propagieren, fördern damit nicht nur den ICT-Einsatz im Unterricht, sondern erhalten auch motivierende Anknüpfungspunkte, um fundamentale Ideen der Informatik zu vermitteln. Dies mindert die Gefahr eines praxisfernen Informatikunterrichts und zeigt exemplarisch allgemeinbildende Aspekte der Informatik."(B. Doebeli Honegger, 2007)

- **Chat:** Eine Chat Aktivität ist für eine synchrone Kommunikation sehr geeignet. Die Lernenden können unter einander über alle Themen bezüglich Lehrveranstaltung sprechen. Sie können weiteres mit dem Lehrenden eine Besprechung durchführen.

- **Test:** Diese Aktivität ist für die Beurteilung des Wissens der Lernenden geeignet. Seine unterschiedlichen Fragestellungsarten und Bewertungsmöglichkeiten sind sehr nützliches Tool Für die Ermittlung von Lernfortschritten und zur Lernkontrolle.

Detaillierte Einsatzmöglichkeiten von Foren

Ein Forum bietet den Lernenden die Möglichkeit sich zu ausdrücken. Wenn die Lernende bezüglich Lehrende, Organisation der Lehrveranstaltung, Inhalt der Lehrveranstaltung, Prüfungen, Missverständnisse, Probleme, Fragestellungen usw. haben, können sie alle diese Bedürfnisse in einem Forum sich erkundigen, die Probleme beseitigen.

Heutzutage werden überall Foren, Wikis, Blogs eingesetzt, warum nicht in im Unterricht. Solche Technologien fördern die Selbständigkeit von Lernende. Wenn man das im Bezug zum Unterricht betrachtet, bezeichnet das Forum ein Kommunikation und Organisation Tool mit vielen Einsatzmöglichkeiten für verschiedene Lehrveranstaltungen.

Eigenschaften von Foren

- Das Nachrichtenforum ermöglicht die Koordination und Veröffentlichung von organisatorische Fragen und Mitteilungen.
- Ein Diskussionsforum ermöglicht selbständiges Organisation und Lernen, welche mithilfe anderer Teilnehmer erleichtert wird. Dort können die Missverständnisse bezüglich des Ablaufs aufgeklärt werden. Inhalt der Lehrveranstaltung kann in Forum diskutiert werden. Probleme und Fragestellungen bezüglich Inhalte können geklärt werden.
- Sowohl die Nachrichtenforen als auch Diskussionsforen werden archiviert. Das kann auch für die zukünftige Lehrveranstaltung hilfreich sein und für Lehrende als Feedback gelten.

„Für den Einsatz einer Lernplattform im Unterricht sind also Integrationskonzepte notwendig, die den didaktischen Kontext der Anwendung berücksichtigen. Gefragt ist eine effiziente und effektive Nutzung dieser Werkzeuge, für eine kreative und inspirierende Schulumgebung bleiben aber weiterhin die Lehrpersonen verantwortlich." (W. Hartmann, 2004)

Dieses Zitat von Hartman erklärt, welche Wechselwirkungen eine Technologie auf Inhalt und didaktischen Kontext haben kann. Das führt uns dazu, die verantwortliche Lehrpersonen beim Einsetzen solchen Technologien eine Fortbildung bezüglich Verwendung dieses Medium benötigt.

Moodle kann man in vielen Bereichen des Informatikunterrichts einsetzen. Technische Universität Wien benutzt Moodle (TUWEL) für viele ihre Lehrveranstaltungen. Dabei wird das studentische Leben sehr erleichtert. Die studierende haben die Möglichkeit meiste Lehrstoffe online zu erwerben. Sie verfolgen den Ablauf der Lehrveranstaltung mithilfe Kalenderfunktion von TUWEL. Die Studierenden können in unterschiedlichen Foren auf TUWEL über ihre Probleme, Lehrinhalte, Organisation etc. diskutieren, Informationen austauschen.

Ich werde unten drei Praxis Beispiele einführen. Zwei davon sind reale Beispiele, die zurzeit in Anwendung sind und eins ist ein Szenario die man realisieren kann.

Detaillierte Einsatzmöglichkeiten von Tests

Die Tests vermitteln den Kenntnisstand der Lernenden. Sie geben Lehrenden einen Überblick der Weitergabe und Methoden der Lehrveranstaltung und seines Stils. Die Tests sind vielseitig anwendbar, um abwechslungsreiche Lernsituationen zu gestalten. Tests können auch für das Lernen eingesetzt werden. Zum Beispiel freiwillige Übungen können angeboten werden, damit die Lernende viel üben können und wissen wie sie in einer Prüfungssituation mit der Fragen umgehen, ausüben.

Tests können auch für die Kontrolle des Wissenstandes der Lernenden am Anfang des Semesters angeboten werden, damit die Lernende mithilfe dieses Test wissen, dass sie entweder diese Lehrveranstaltung besuchen sollten oder mehr Grundwissen besitzen sollten und andere Lehrveranstaltungen besuchen. Oder der Lehrende kann mithilfe dieses Tests die Lernende bestimmen wer an die LVA teilnehmen darf. Das ist besonders für die Kinder sehr sinnvoll und nützlich so kann der Lehrende wissen, ob die Kinder für ein neues Fach bereit sind oder die Kinder noch mehr Grundwissen brauchen.

Folgende Tests kann man erstellen:

- o Multiple Choice
- o Freitext
- o Kurzantwort

- Lückentext
- Wahr/Falsch

Die Tests sind zwar nicht ausreichend, damit die Lehrende ein Überblick über Lernstand der Lernende zu schaffen aber die Tests können für die Einstufung, Leistungsbewertung, Lernenden beitragen. Die Tests sind aber ein wichtiges Bestandsteil des Unterrichts und sollte nicht verzichtet werden.

Praxis I

Lehrveranstaltung: Gesellschaftliche Spannungsfelder der Informatik an der Technischen Universität Wien (2009-2010)

Vortragender: Ao.Univ.Prof. Dipl.-Ing. Dr.techn. Peter Purgathofer

Verwendete Technologien: Beamer, Präsentationssoftware, E-Portfolio (Slidecasting 2.0) , Wiki, E-Book(Little Brother, Cory Doctorow), Blog und andere Web 2.0 Technologien.

Beim diesen Beispiel geht es um eine Lehrveranstaltung an der Technischen Universität Wien, welche in Grundstudium Bachelorstudien Informatik als Prüfungsfach angeboten wird.

Ich habe mit dem Vortragenden bezüglich meiner Seminararbeit ein Interview durchgeführt.

Der Vortragende hat gutes technologisches Wissen. Weiters arbeitet er jahrelang im Bereich Human Computer Interaction. Darum kennt er sich mit der Wechselwirkungen von Technologien und Menschen gut aus. Ich habe deshalb als erstem Beispiel diese LVA ausgewählt. Laut TUWIS sind zurzeit (WS 2009) 814 Abonnentinnen an diese LVA angemeldet.

Diese Lehrveranstaltung wird als Blended Learning realisiert. Die Studierenden haben viele Möglichkeiten um die Inhalte der Lehrveranstaltung zu erwerben. Sie können in die Vorlesungen gehen und präsent den Vortragenden zuhören, Fragen stellen usw. oder Sie können mithilfe Slidecasting 2.0 die Inhalte live mitlernen.

Wenn man in Hörsaal präsent ist, sollte man sich ein Notebook mitnehmen. Damit man sofort (live) im Slidecasting 2.0 etwas mitschreiben kann.

Der Einsatz dieser Technologien begründet Herr Purgathofer mit diesem Satz. „Technologie ist lange eine selbstverständliche nicht wegzudenkende Bestandteil der Alltag unserer Gesellschaft insbesondere neue Generation geworden. Diese Tatsache der viel Verwendung der Technologien in vielen Bereiche von Business bis zur Entertainment und Kommunikationswelt macht keinen Sinn Unterricht ohne Technologie durchzuführen."

Wie die Lehrveranstaltung durchgeführt wird, erklärt Herr Purgathofer; „Im Großen und Ganzen möchte ich mit zwei Ansätze erklären. Das eine ist wir haben uns ein System heißt Slidecasting 2.0 entwickelt dass seit ein paar Jahren Verwendung der Notebooks in Hörsaal produktiv verändert. Damit die Studierenden ihre Laptops statt nur Surfen, Spielen und Chatten produktiv benutzen. Sie sollten dabei auch etwas lernen und ihre studentische Energie in die Lehre einbeziehen, sich tatsächlich Notizen machen und in die Folien anheften. Die Studenten sitzen in Hörsäle und mithilfe Slidecasting 2.0 können die Studierenden live ihre Notizen während der Vorträge an die Folien die von Vortragenden schon in der Homepage hochgeladen sind, anheften. Nachdem Vorlesung werden alle diese Folien und Notizen automatisch in einer Seite zusammengefasst und Studierenden können dann in Slidecasting sich diese Folien anschauen und im System bekanntgegebene Aktivitäten durchführen. Das zweite ist Portfolio System. Studierenden können unter viele Aktivitäten autonom auswählen und wann, wo, wie sie durchführen wollen, können sie selbst entscheiden. Sie müssen mit eigener Motivation, Art und Weise diese Aktivitäten durchführen und wir schauen uns dann alle diese Beiträge und Aktivitäten an."

Die Aktivitäten sind sehr unterschiedlich. Ein paar Aktivitäten sind unten aufgelistet:

Beiträge

Beiträge können Texte sein (dafür ein Wiki zur Verfügung gestellt.), sind aber nicht darauf beschränkt. Sie können als Beitrag auch ein Video (z.B. auf YouTube) abgeben, ein flickr-set, eine »slideument« auf slideshare.com, einen Podcast - was immer geeignet scheint, das Thema zu bearbeiten.

Beiträge können bezüglich Themen in der Lehrveranstaltung sein:

- Faktenwissen zum ein Thema in Lehrveranstaltung, zusammengefasst bzw. vertiefend behandelt
- wissenschaftlicher Literaturen recherchieren, zusammenfassen, reflektieren
- unterschiedliche Meinungen bezüglich ein Thema vergleichen
- Beschreibung der eigenen Erfahrungen im Bezug eines Themas machen.

Reviews

Hier geht es um eine Aktivität, dass die Studierenden sich gegenseitig ihre Beiträge reviewen. Somit erleichtert auch die Arbeit der Lehrenden und weiteres lernen auch die Reviewer das Thema von anderen. Die Bewertung von Beiträgen wird mithilfe diesen Reviews leichter und fairer gemacht.

Inhalt mitgestalten

Wenn die Studierenden der Meinung sind, dass die Vorlesung bzw. der Vortragende wesentliche Aspekte der Lehrveranstaltung auslässt, dann können sie diese als inhaltliche Erweiterung vorschlagen. Dazu können die Studierenden eine Notiz in Slidecasting 2.0 posten, in dem sie die vorgeschlagene inhaltliche Erweiterung in einem Satz beschreiben.

Slidecasting Diskussionen

Die Studierenden schreiben interessante Postings im Slidecasting und andere Studierenden diskutieren über das Thema in Slidecasting. Diese Postings können eine interessante Frage oder ein wirklich interessanter Link zu einem Thema in LVA. Somit lernen die Studierenden auch von anderen Quellen außer von vortragenden angebotenen Lernmitteln.

Slidecasting-Activities

Das sind sehr unterschiedliche Aktivitäten bezüglich Informatik und Gesellschaft. Zum Beispiel ein Beitrag über digital-divide schreiben.

Es gibt noch andere Aktivitäten wie unten angeführt;

Berichte von inhaltlich passenden Veranstaltungen erstellen.

Ankündigung einer Veranstaltung.

Durchführung einer Themenveranstaltung

Eine Qualitative Interview über die Praxis I

Die Technologieeinsatz und Ihre positive Wirkung hat Herr Purgathofer mit diesem Satz angemerkt. „Wie könnte man alle diese Aktivitäten ohne Technologie durchführen."

Ohne Technologie könnte man alle diesen unterschiedlichen Aktivitäten nicht mal anbieten. Und das beschränkt sowohl die Methoden der Lehre als auch die Inhalte der Lehre. Nur von diesem Ansatz kann man sagen dass Technologie Einfluss auf Content hat, und dieser Einfluss sollte keine negative Wirkung des Ziels sein. Damit Technologieeinsatz keine negative Wirkung auf Inhalt macht, sollten die Lehrende TPC Kenntnisse haben und die Abhängigkeiten und Wechselwirkungen gut kennen.

Professor Purgathofer argumentiert die Technologie-Einsatz in die Lehre mit einem erfreulichen Satz.

„Es war eine wahnsinnige Befreiung, wegzukommen von Folien und hin zu Beamer. Das Ausdrucken von Folien und die Erhaltung der Ordnung von alten durchsichtigen Blättern nach der Vorlesung waren erschrecklich. Wechsel von dem hin zu elektronische Präsentationen mit Projektoren und Beamern war eine Befreiung erste Sorte."

Außerdem sollte ich hinzufügen dass mithilfe Slidecasting die Studierenden untereinander diskutieren können und ihre Kenntnisse vertiefen bzw. die Missverständnisse beheben. Weiters wird bei dieser Lehrveranstaltung die neue Technologien angewendet. Dafür ist Web 2.0 die Motivation der anderen Eigenschaften der Studenten auszunutzen, weil die neue Studierenden sind mit Technologie erwachsen, sie spielen, sie kennen viele Technologien sie nutzen alle diese Technologien. Wie kann man die Inhalte so anpassen das man diese

YouTube Generation irgendwie zu transportieren. Man kann darüber viel schimpfen, oberflächlich alles diskutieren ist allein zu wenig. Man sollte so denken wie man von diesen Tatsachen was anderes machen kann. Wie kann ich diesen Technologiedrang manipulieren, dass sie nicht nur für Entertainment und Businesszwecke benutzt wird, sondern auch für Lernen und kreativ Lehren.

Die Bewertung passiert über das Portfolio, die Studierenden sollten alle ihre Aktivitäten abgeben was sie schon durchgeführt haben, dann werden diese Aufgaben in Portfolio System bewertet. Wenn sie irgendwas bei Verwendung des Systems falsch machen, können sie ihre Arbeite bzw. Aktivitäten nochmal abgeben bzw. sich beim Vortragenden Beschwerden. Dann wird kontrolliert ob ein Fehler beim Bewerten begangen worden ist.

Bei Beschwerden können die Studierenden auch sich direkt an die Vortragenden wenden.

Slidecasting 2.0 ist für viele andere LVAs auch zu empfehlen. Natürlich es fehlen noch viele Funktionalitäten und Aspekte des Systems. Aber das sollte kein Grund für Einsatz dieses System sein. Weil man dieses System noch sehr weiter entwickeln kann.

Portfolio System ist an alle Lehrveranstaltungen zu empfehlen. Dieses System ist überall einsetzbar. Mithilfe Portfolios System kann man sich von Deadlines und sehr wenige Aufgabenmöglichkeiten befreien. Mehrere andere Aktivitäten und Aufgaben anbieten.

„Beste Unterricht kann noch besser werden, wenn man die richtige Formen der Technologie Unterstützung anwendet", fügt Herr Purgathofer beim Interview ein.

Praxis II

Lehrveranstaltung: Daten und Informatikrecht an der Technischen Universität Wien (2009-2010)

Vortragender: Ass.Prof. Mag.iur. Dr.iur. Markus Haslinger

Verwendete Technologien: Projektor, Präsentationssoftware, Moodle(Tuwel) , LAWCASTS.

Beim diesen Beispiel geht es um eine Lehrveranstaltung an der Technischen Universität Wien, welche in Grundstudium Bachelorstudien Informatik als Prüfungsfach angeboten wird.

Laut TUWIS sind zurzeit (WS 2009) 468 Abonnentinnen an diese LVA angemeldet.

Diese Lehrveranstaltung wird als Blended Learning angeboten. Das heißt es werden sowohl die Präsenz Vorlesungen veranstaltet als auch die Inhalte über TUWEL angeboten.

Das LVA Team stellt sich wie unten angeführt vor.

„Wir bieten Ihnen...

- einen hoffentlich spannenden Einblick ins Rechtswesen.
- immer neue Bonusaktivitäten in TUWEL.
- viele multimediale oder interaktive Inhalte (Podcasts, Vidcasts, Wiki,...).
- das ein oder andere Gustostückerl - lassen Sie sich überraschen!"
  (TUWEL-Daten und Informatikrecht)

Die Kommunikation mit der Studierenden geht über TUWEL mithilfe eines Forums in Erfüllung. Bei diesem Forum sind alle Ankündigungen bezüglich Ablauf und Organisation der Lehrveranstaltung zu finden. Die Studierenden können in diesem Forum Fragen stellen, diskutieren und Informationen austauschen.

Auf TUWEL ist ein Bereich namens „Einführung & Administratives" angegeben, dass „Inhaltsverzeichnis zum Kurs", „Vorbesprechungsfolien" beinhaltet. Nachfolgend wird ein Bereich das „Lehrveranstaltungsordnung" heißt, angeboten, wo die Studierende alle Informationen zur Organisation und zum Ablauf der Lehrveranstaltung finden können. Ergänzend zur obigen Bereich findet man eine Zusammenfassung der häufig gestellten Fragen in dem LVAs-FAQ.

Außerdem gibt es ein sogenannten „Newsroom", wo die Studierenden auch anderen Quellen bezüglich Lehrveranstaltungsthemen sich ansehen können. Hier werden die Themen interdisziplinär und interuniversitär angeboten.

Das Team bietet außerdem eine Online Sprechstunde. Diese Sprechstunden können sowohl synchron als auch asynchron stattfinden. Weiters wenn die Studierenden möchten, können sie auch persönlich zur Sprechstunden gehen.

Die Inhalte werden in Vorlesungen beigebracht bzw. wenn man keine Zeit für die Vorlesung hat, kann man auch diese Inhalte im TUWEL verfolgen. Die Folien sind wie Präsenz gut gestaltet und erklärt.

Sie bieten auf TUWEL so viele multimediale Materialien, die mehr als in Prüfungen verlangt sind. Das zeigt uns die Vorteile von Technologieintegration im Unterricht. Ohne Technologie könnte das Team so viele multimediale Dokumente anbieten.

Das Team bietet außer Vorlesung Audio-Folien auch LAWCASTS & LAWSHEETS zur Selbstlernphase. Diese Materialien sind Inhalte der Lehrveranstaltung mit Audio- Folien. Hier werden Live-Mitschnitte ausgewählter Vorlesungen der letzten Semester für die Selbstlernphase zur Verfügung gestellt. Die Mitschnitte beinhalten die wichtigsten Punkte der jeweiligen Vorlesung. Sie sind aber nicht als Ersatz für den Vorlesungsbesuch gedacht - vielmehr als "Gedächtnisstütze" bzw. zur Wiederholung.

Die Studierenden sollten am Anfang des Semesters ein Online Test durchführen. Dieser Test findet synchron und 30 Minuten lang statt. Nachher gibt es nach verschiedenen Intervallen verschiedene Aufgabestellungen, die von Studierenden durchgeführt werden müssen. Es werden weiterhin Bonusaufgaben gestellt, die man freiwillig lösen kann um Bonuspunkte zu erzielen. Die erreichten Punkte werden zur Gesamtpunkteanzahl der LVA addiert. Diese Aufgaben sind zeitlich eingeschränkt verfügbar.

Die Bewertung besteht aus Übungsteil und Vorlesungsteil, wobei man bei Übungstest 12, bei 2 Pflichtaufgaben je 3 und ein Vorlesungsklausur 24 sowie 4 Bonuspunkte bekommen kann. Die Summe besteht aus 42 + 4 Punkte. Damit ein Studierender die VU besteht, braucht er mindestens die Hälfte der Punkte.

Wenn man sich alle diesen Aufgabestellungen und organisatorische Vielfältigkeit anschaut, merkt man dass die Technologieintegration, den Unterricht sehr beeinflusst. Damit die Lehrenden das Ziel der Lehrveranstaltung nicht verlieren, sollten sie sowohl mit dem Fachwissen als auch Pädagogisches Wissen und Technologisches Wissen beherrschen. Sonst können sie keine modernen und kreativen Lehrsituationen anbieten.

Unterrichtszenario

Podcasting im Informatikunterricht

Ziel dieses Unterrichtszenario ist es Tonaufzeichnungen mithilfe technischen Geräts IPod im Unterricht zu benutzen. Es gibt unterschiedliche Geräte die man für Tonaufzeichnungen benutzen kann. Aber ich werde mich an dieser Stelle nur auf IPod spezialisieren. Die Schüler werden zuerst einen Podcast erstellen und dann im Internet veröffentlichen. Diese Art kann für Erwerbung von theoretischen Inhalten genutzt werden.

Podcasting besteht aus dem Namen von Apples MP3-Player IPod und dem Begriff Broadcast zusammengesetzt. Unter Podcasting ist die Erstellung von Multimediadateien wie Audio, Video oder Texte und die Verteilung diese Dateien über das Internet zu verstehen. Heutzutage ist es sehr einfach eine Podcasting Unterricht zu gestalten. Weil es viele Internetseiten diese Dateien auch gratis übertragen.

Beim diesen Szenario werden die Unterrichtsstoff von Lehrenden aufgezeichnet, und nachher im Internet hochgeladen. Die Schüler sollten sich diese Podcasting Materialien immer herunterladen können, damit sie den Stoff überall lernen.

Bezug auf Informatikunterricht kann man die Installationsanweisungen der Software, die Lösung von Problemen, die Theorieteil des Unterrichts, die Vorträge der Lehrende aufzeichnen. Sowohl die Kinder sollten nach ihren Bedürfnissen diese Aufzeichnungen durchführen und im Netz veröffentlichen können als auch die Lehrer. Es wird an Jedem Benutzer ein Konto für die Veröffentlichung der Dateien vergeben.

Eine Audiodatei kann man überall verwenden. Diese Dateien sind meistens für Begleitendes- oder Selbst Lernen sinnvoll. Zum Beispiel wenn ein Schüler krank ist kann er den Unterricht aufnehmen lassen und dann kann er diese Datei zu Hause hören. Weiteres kann man diese Datei im Internet hochladen und dann vom Internet immer wieder herunterladen und überall; zu Hause, unterwegs, im Krankenhaus, im Urlaub etc. verwenden.

Die Inhalte der Podcasting Dateien, die vom Lehrer produziert sind, werden auch bei der Bewertung gefragt. Diese Anforderung wird die Kinder motivieren und ihre Kreativität fordern. Die Kinder lernen dabei selbständiges Arbeiten, sich Organisieren und Bewusst benehmen. Weiters ermöglicht Podcasting die Zusammenarbeit der Schüler. Sie können auch zusammen ihre Podcasting Materialien erstellen bzw. wenn einer nicht anwesend ist, kann andere für ihn den Unterricht aufzeichnen und seine Kollegen weitergeben.

Die Erstellung von multimedialen Materialien und deren Verteilung über Internet allein garantiert noch keine Erweiterung der Qualität vom Unterricht. Es braucht darüber hinaus didaktische Methoden zu anwenden, die einem wirkungsvollen Zusammenschluss von Fachwissen und Technologisches Wissen ermöglichen. Deswegen sollte sich der Lehrer entsprechende pädagogische Techniken und Methoden aus Methodenpool (Reich K, 2007) auswählen.

Diese Methoden können folgende sein:

- Coaching
- Erlebnispädagogik
- Experiment
- Feedback
- Freiarbeit
- Internetmethode

Die Lehrer lernen bei diesem Szenario die Technologieintegration im Unterricht. Sie lernen verwendete technische Geräte kennen. Sie lernen wie man solche multimediale Dateien erstellt und im Internet veröffentlicht. Sie werden bei Ihrem Unterricht Projektmanager und Coach anstelle klassischer Lehrkraft.

Erwartungen

Schüler	LehrerIn
Kreativität	Kenntnis von Technische Geräte
Mitarbeit, Zusammenarbeit	Befähigung von Technologieeinsatz im Unterricht
Projektplanung	Coaching
Selbständigkeit, Selbstorganisation	Fähigkeit und Kenntnisse über Gestaltung von Multimedia Dateien
Verantwortungsbewusstsein	Projektmanagement
Motivation	Gestaltung neuer Methoden und Techniken im Unterricht
Selbstbestimmung	Motivation

Ziele der Podcasting-Einsatz

- Förderung von selbständiges Lernen mithilfe unterschiedlichen Technologien
- Elektronische Materialien (E-Books, Video-Tutorial, Audio und Hypertext Materialien) kennenlernen, verwenden, erstellen.
- PC Kenntnisse allgemein und dessen Verwendung sowie Wirkung; Datenschutz, Sicherheit, Hardware- und Software Kenntnisse
- Befähigung von Einsatz der Information und Kommunikation Technologien
- Zusammenarbeit und Kommunikationsmöglichkeiten durch Technologien
- Kennenlernen von Anwendungssoftware

Zusammenfassung

Technologieintegration im Informatikunterricht benötigt verschiedene Kenntnisse und ihre Zusammenhänge, die einen guten Lehrenden haben sollte. Diese verschiedene Wissen sind miteinander in Beziehung und haben eine Wechselwirkung. Jede Institution sollte ihre Lehrkräfte über diese Tatsache aus-, weiter- oder fortbilden. Sowohl mein Theorieteil als auch angegebene Beispiele zeigen, dass Technologie im Informatik und allgemeine Bildung wichtige Rolle spielen. Insbesondere beim Informatikunterricht benötigen die Lehrende mehr technischen Hilfsmitteln.

In dieser Arbeit ist leicht zu sehen, dass Informatikunterricht ihren eigenen Methoden und Techniken sowie Technologien benötigen. Alle diese Lehr & Lern Komponenten wirken auf Fachwissen der Lehrenden und Vermittlung dieses Wissen. Wie bei den obigen Lehrveranstaltungen schon Technologien intensiv und sinnvoll benutzt werden, können viele andere Lehrveranstaltungen auch im konstruktiven Sinne umgestaltet werden, dass sie Kreativität und Selbstständigkeit der neuen Generationsanforderungen im Betracht ziehen und diese Fähigkeiten fördern.

Bildungstechnologien haben im Bildungswesen unterschiedliche Verwendungspotenziale. Diese Medien spielen zur Unterstützung des Lehr- & Lernprozesse eine wichtige Rolle. Diese Rolle sollte von jeden Lehrenden methodisch und pädagogisch zielorientiert betrachtet werden, damit hochwertig Informatikbezogene Fachwissen weitervermittelt werden können.

Quelle

1. Abbildung 1: http://tpack.org/tpck/images/tpck/b/b1/Tpack-contexts-small.jpg
2. B. Doebeli Honegger. Wiki und die fundamentalen Ideen der InformatikPages: 207-216 zu finden in Didaktik der Informatik in Theorie und Praxis INFOS 200712. GI-Fachtagung Informatik und Schule 19. - 21. September 2007 in Siegen
3. Gabi Reinmann/Martin Eppler: Wissenswege, Bern 2008.
4. Heike Schaumburg (2002) . Konstruktivistischer Unterricht mit Laptops?
5. Hubwieser P.: Didaktik der Informatik. Grundlagen, Konzepte und Beispiele. Springer Verlag, Berlin, Heidelberg, 3. Überarbeitete Auflage, 2007. ISBN 978-3-540-72477-3
6. LAWCASTS & LAWSHEETS : Online Audio-Folien der Lehrveranstaltung Daten und Informatikrecht an der Technischen Universität Wien. Vortragender: Ass.Prof. Mag.iur. Dr.iur. Markus Haslinger
7. Leinhardt & Greeno, 1986; Spiro, Coulson, Feltovich, & Anderson, 1988; Spiro, Feltovich, Jacobson, & Coulson, 1991.
8. Moodle: http://moodle.org/ Moodle ist eine frei verfügbare Open Source Software (unter der GNU Public License).
9. Peter Purgathofer, Ao.Univ.Prof an der TU Wien, Fakultät für Informatik, am Institut für Gestaltungs- und Wirkungsforschung, Arbeitsbereich Human-Computer Interaction. Vortragende der Lehrveranstaltung Gesellschaftliche Spannungsfelder der Informatik.
10. Reich, K. (Hg.): Methodenpool. In: url: http://methodenpool.uni-koeln.de
11. Shulman, L. S. (1986). Those who understand: Knowledge growth in teaching. Educational Researcher, 15(2), 4-14.
12. Shulman, L. S. (1987). Knowledge and teaching: Foundations of the new reform. Harvard Educational Review, 57(1), 1-22.
13. Slidecasting 2.0: Peter Purgathofer gemeinsam mit Wilfried Reinthaller und Diplomand/Inn/en. Hauptpreis des e-learning-Awards der TU Wien 2008.

14. Teachers College Record Volume 108, Number 6, June 2006, pp. 1017–1054 Copyright © by Teachers College, Columbia University 0161-4681
15. TUWEL: https://tuwel.tuwien.ac.at/ TUWEL ist der E-Learning- und Kommunikationsplattform der TU Wien.
16. TUWIS: http://tuwis.tuwien.ac.at/ TUWIS++ ist die zentrale Plattform für den Besuch von Lehrveranstaltungen [LVA's] an der TU-Wien.
17. Werner Hartman. Computer und Internet im Unterricht: Zu hohe Erwartungen! In: Gymnasium Helveticum 1 (2004)